MALADIES

ET

Accidents Professionnels

DES

Téléphonistes

PAR

CAPART, Fils

DE BRUXELLES.

PARIS

LIBRAIRIE J.-B. BAILLIÈRE ET FILS

19, RUE HAUTEFEUILLE, 19

—

1911

MALADIES ET ACCIDENTS PROFESSIONNELS

DES

TÉLÉPHONISTES

COLLECTION C. CHAUVEAU

OUVRAGES DÉJA PARUS

MALADIES

ET

Accidents Professionnels

DES

Téléphonistes

PAR

CAPART, FILS

DE BRUXELLES.

PARIS

LIBRAIRIE J.-B. BAILLIÈRE ET FILS

19, RUE HAUTEFEUILLE, 19

—

1911

MALADIES ET ACCIDENTS PROFESSIONNELS

DES

TÉLÉPHONISTES [1]

Par **CAPART**, fils (de Bruxelles).

Le développement, dans certains pays, de la législation protectrice des ouvriers a contribué à augmenter l'importance de ce que l'on connaît relativement à l'action défavorable de certains métiers sur les fonctions auditives.

Au dernier Congrès international des maladies professionnelles, réuni à Bruxelles en septembre 1910, Alfred Peyser, de Berlin [2], présenta un remarquable travail relatif à l'action funeste des bruits sur l'oreille interne de certains ouvriers.

Avec raison il pouvait dire que l'on sortait de la période consacrée à l'étude théorique de ces faits, pour entrer, avec Wittmaack [3], dans celle de l'expérimentation. Cette dernière a donné des résultats si remarquables que tout laisse espérer une prophylaxie efficace.

Des souris soumises à l'action du bruit de fortes sonneries électriques n'ont pas présenté d'altérations quelconques.

Par contre, si les animaux sont placés sur un plancher qui entre en vibration avec la cloche sonore, on les voit dépérir et l'on constate à l'autopsie un début de dégénérescence des fibres et des cellules du limaçon, ainsi que des cellules sensorielles de l'organe de Corti.

Ces observations sont confirmées par ce qui se passe dans l'industrie, où l'on voit les constructeurs de chaudières rester indemnes dans les ateliers où ils se trouvent sur un sol en béton qui ne vibre pas, pour effectuer leur travail.

---

1. Rapport à la Société belge d'otologie, de laryngologie et de rhinologie.
2. PEYSER, A. (Berlin), Gewerbliche Erkrankungen des Gehörs. (Rapport au Congrès international des maladies professionnelles, Bruxelles 1910.)
3. Cité par PEYSER.

Par contre, les altérations de l'oreille interne, d'après Friedrich[1], sont fréquentes après les tirs de l'artillerie de la marine, précisément à cause de l'ébranlement du navire.

Il apparaît donc que le son intense a une action pire sur l'oreille quand il est transmis au limaçon par une voie autre que le milieu aérien.

Il est regrettable que Peyser ait négligé dans son étude les employés du chemin de fer et du téléphone, sous prétexte que, à son avis, ce ne sont pas des ouvriers industriels.

A la demande de la Société belge d'otologie, nous essayerons de combler cette lacune relativement aux téléphonistes, et nous le ferons d'autant plus volontiers qu'il n'existe pas encore, à notre connaissance, de *travail en langue française résumant cette question*.

Nul ne doutera des rapports étroits qui rattachent le téléphone à l'otologie. Le précieux appareil de Bell ne doit-il pas en grande partie sa découverte à Politzer?

Voici la déclaration du professeur de Rossi à cet égard : « *Parecchi anni or sono, udii dalla bocca stessa del' illustre Graham Bell, l'inventore del telefono, che le sue primi indagini gli furono suggerite dai geniali esperimenti del otoiatra Viennese Adam Politzer, sulle escursioni della catena timpanica* [2]. »

Ces paroles du professeur italien furent, du reste, confirmées par Blake, de Boston.

Relativement aux maladies professionnelles, le privat-dozent Schuster[3] constate avec raison que, pendant *l'époque relativement courte qui s'est écoulée depuis la généralisation de l'emploi du téléphone dans les correspondances publiques et privées*, des symptômes morbides spéciaux ont été décrits par les observateurs les plus divers.

A la fin de ce rapport, on trouvera une série de notes *bibliographiques se rapportant à notre sujet ; mais il est utile de signaler, dès à présent*, que ce sont les auristes qui ont les premiers attiré l'attention sur les dangers du téléphone. Les troubles qu'ils observèrent au début étaient probablement dus, pour la plus grande part, à l'imperfection encore grande des appareils.

Plus tard, ce sont les neurologistes qui ont décrit les accidents

---

1. Friedrich (Kiel), *Archiv für Ohrenheilk.*, t. LXXIV, p. 214.

2. Profr. de Rossi, Prolusione fatta al corso di otoiatria per l'anno scolastico 1898-1899, p. 7. (Politzer, *Lehrbuch*, IV, Aufl., 1901, p. 52.)

3. Schuster, Paul, Privat-dozent (Berlin), Die Krankheiten der Telephonangestelten.(*Weyl's Handbuch der Arbeiterkrankheiten*, Iena, Fischer, 1908, pp. 289-295.)

consécutifs aux perturbations intenses et subites survenant parfois dans les réseaux.

Enfin, des auteurs appliqués à l'étude des maladies professionnelles ont présenté le sujet dans toute son ampleur.

Au point de vue otologique, il importe de citer, comme travaux d'ensemble, l'article de Braunstein[1], présentant malheureusement certains défauts graves, et le travail très important de Blegvad[2], qui parut primitivement dans une revue de chirurgie de Stockholm.

C'est surtout ce dernier auteur que nous suivrons dans notre rapport.

Nous envisagerons en premier lieu l'influence que peut avoir sur l'oreille, saine ou malade, l'usage normal des appareils.

Nous considérerons ensuite l'action de bruits plus intenses qui peuvent se produire sous certaines influences, notamment quand les circuits téléphoniques sont mis en contact avec des tensions excessives par accident banal ou par l'orage.

Enfin nous examinerons les troubles du système nerveux que l'on observe chez les téléphonistes et les moyens propres à éviter les divers troubles pathologiques constatés.

I. — Usage professionnel normal du téléphone.

Blake de Boston[3] a, le premier, attiré l'attention sur les inconvénients que le téléphone pouvait présenter pour une oreille malade.

Il établit que les appareils primitivement en usage apportaient à l'auditeur un millième seulement du son émis et que, pour entendre cette faible sonorité, une accommodation de l'oreille était nécessaire.

Mais alors la fatigue survient vite, et au bout de quinze secondes l'ouïe baisse notablement. Dans cet état, l'oreille devient très sensible, surtout pour les bruits accessoires qui se produisent dans l'appareil (friture).

1. Braunstein, J. (München), Ueber den Einfluss des Telephonierens auf das Gehörorgan. (*Archiv für Ohrenheilk.*, 1903, t. XLIX, pp. 240-313.)

2. Blegvad, N. R. H. (Kopenhagen), Ueber die Einwirkung des berufsmässigen Telephonierens auf den Organismus mit besonderer Rücksicht auf das Gehörorgan. (*Nordiskt medicinskt Arkiv [Kirurgi]*, Stockholm, 1906, t. XXXIX, 3, pp. 1-109.)

3. Blake (Boston), Influence of the use of the telephone upon the hearing power. (Amer. otol. Society, Washington, 1888. Voyez bibliographie.)

Gellé [1] assimile les troubles de l'ouïe chez les téléphonistes à ceux que l'on observe chez les machinistes et certains ouvriers travaillant dans le bruit. Cette opinion est probablement erronée, car, nous l'avons vu précédemment, c'est surtout l'ébranlement, analogue à celui qui se transmet le long du bras du forgeron frappant l'enclume, qui altère l'oreille interne.

Pour le téléphone, au contraire, la conduction par voie osseuse est extrêmement minime.

On s'en convaincra aisément en plaçant le cornet récepteur sur le front, ou en faisant varier la dimension du diaphragme qui recouvre la plaque vibrante Si l'on diminue cet orifice, le son diminue d'intensité, ce qui ne se produirait pas au même degré si la conduction était osseuse.

Gellé incriminait le rapprochement du son ou la fatigue. Mais l'intensité normale du bruit n'est guère importante ; Blake l'a prouvé. Seulement, la fermeture hermétique du conduit produit peut-être un massage direct du tympan, dont la chaîne des osselets ne parvient pas à atténuer l'effet sur la pression labyrinthique.

Lannois [2], qui n'a examiné que quatorze téléphonistes, pense que les maladies de l'oreille présentées sont dues à des bruits trop forts ou trop rapprochés, ou à la fatigue des nerfs auditifs. D'après lui, on constate des bourdonnements, des vertiges, de l'hyperesthésie de l'acoustique avec diminution de l'ouïe normale. Il reconnaît que les sujets atteints n'avaient pas l'oreille normale avant l'entrée au service, ou avaient une certaine prédisposition nerveuse.

Treitel [3] observa un cas unique, c'est-à-dire une diplacousie bilatérale à la suite de surmenage téléphonique. Il attribua l'apparition de ce symptôme à une fatigue rapide pour les sons aigus, accompagnée d'une hyperesthésie pour les sons graves et moyens.

Castex [4] relate les recherches de Zwaardemaker [5] sur le pouvoir auditif requis dans l'Administration hollandaise des téléphones. En examinant la portée acoustique des employés des

---

1. GELLÉ (Paris), Effets nuisibles de l'audition par le téléphone. (Soc. de biologie, 1889. Voyez bibliographie.)

2. Dr LANNOIS, M. (Lyon). Le téléphone et les affections de l'oreille. (Congrès intern. d'otol. et de laryngol., Paris, 1889, pp. 265-271.)

. 3. TREITEL, Ueber Diplacusis binauralis. (Archiv für Ohrenheilk., 1892, t. XXXII, p. 215.)

4. CASTEX (Paris), La médecine légale dans les affections de l'oreille, du nez, du larynx. (Soc. franç. d'otol., 1897, t. XIII, pp. 86-87.)

5. Cité par CASTEX. Voyez la table bibliographique.

postes et télégraphes, l'auteur hollandais a constaté qu'une oreille qui entend la voix chuchotée à un mètre seulement, ne perçoit que quelques mots au téléphone. Avec une portée de 2 mètres, le bruit des mots est perçu, mais non leur sens. Il faut 4 mètres d'audition au chuchotement pour que la conversation téléphonique soit comprise, et avec 7 mètres de pouvoir auditif, on entend vite et bien. D'après Castex, le téléphone influence fâcheusement le système nerveux, prédispose à la neurasthénie et fatigue aussi l'appareil auditif.

Urbantschitsch [1] pense qu'à côté de l'ébranlement du labyrinthe, il y a aussi une crampe d'accommodation des muscles internes de l'oreille. Dans son traité [2], il signale un cas avec de la sensibilité à la pression, des bourdonnements et de la surdité après de la fatigue téléphonique professionnelle. Dans un autre cas, où il y avait de la surdité et des bourdonnements, ces symptômes disparurent par la douche d'air, mais revinrent dès que le malade reprit son service.

Le muscle tenseur de l'étrier (stapedius), d'après Politzer [3], sert, avec une grande probabilité, de régulateur dans les grands bruits, en accommodant l'oreille. Il agirait comme antagoniste du tenseur du tympan, en diminuant la pression labyrinthique. Ce fait fut, du reste, constaté dans les expériences de Secchi [4], à Bologne.

S'il y a une accommodation de ce muscle pour les bruits faibles, ce que nous ignorons, cela pourrait expliquer, jusqu'à un certain point, la fatigue de l'oreille au téléphone.

Pour les bruits intenses, qui surviennent parfois dans les appareils, le stapedius peut être utile pour en amortir l'exagération. C'est pourquoi il importe que les employés du téléphone aient l'oreille moyenne en bon état.

Kayser [5] estime que l'emploi du téléphone, par un usage trop prolongé, surtout professionnel, peut nuire à l'oreille. Les troubles du début peuvent disparaître par l'habitude ; autrement ils ne cessent qu'en quittant l'emploi. Politzer [6] attribue aussi à l'influence du bruit les troubles de l'ouïe signalés par Blake,

1. URBANTSCHITSCH (Wien), 66. Naturf. und Aerzte-Vers. Wien, 1899.
2. URBANTSCHITSCH (Wien), *Lehrbuch der Ohrenheilkunde*, IV. Aufl., Berlin-Wien, 1901, p. 104.
3. *Loc. cit.*, p. 57.
4. Cité par POLITZER, p. 57.
5. KAYSER, Telephon. (BLAU's *Encyklopädie der Ohrenheilkunde*, Leipzig, Vogel, 1900, p. 389.)
6. *Loc. cit.*, p. 649.

Lannois, Gellé et les autres. Il pense que les premiers sujets atteints étaient prédisposés par des maladies antérieures de l'oreille, mais que, avec l'extension du trafic téléphonique, les cas d'otopathie, même chez les normaux, se sont multipliés.

Les symptômes observés par le maître viennois sont : hyperesthésie acoustique, bourdonnements, sensation de pression, d'assourdissement dans les oreilles et diminution progressive de l'ouïe. Ces troubles et la nervosité qui en provient, seraient dus probablement aux sons aigus du téléphone, à la friture qui se produit dans la plaque et, enfin, à l'attention soutenue qui est nécessaire.

Röpke [1] a examiné les huit téléphonistes de Solingen, quelques mois après que l'on eut mis en service le récepteur fixé sur la tête. Une anse le maintient pressé contre le pavillon, qui est complètement recouvert.

Par temps froid, les employées ont ressenti des douleurs dans le conduit et dans l'oreille intéressés. Elles attribuent ce désagrément, qu'elles n'avaient pas éprouvé l'hiver précédent, au port du récepteur. On constate parfois un aplatissement du rebord de l'hélix et de l'anthélix. Les téléphonistes examinées par Röpke, qui étaient en service depuis deux ans ou deux ans et demi, entendaient toutes normalement ; une seule se plaignait de bourdonnements. Rien d'étonnant à ce que les employées se plaignent du casque récepteur dont le poids est parfois de 150 grammes (Blegvad) [2].

Les oto-laryngologistes, qui ont parfois l'occasion de porter, d'une manière analogue, une lampe frontale ou un miroir, connaissent la fatigue spéciale que cette compression de la tête peut provoquer.

Braunstein [3] a examiné deux cent soixante-dix employées de Munich, et conclut qu'il n'y a pas d'altération de l'oreille due au téléphone. Toutefois son enquête pèche par la base, car il n'a vu que les téléphonistes qui se sont prêtées d'elles-mêmes à son examen et, naturellement, les malades se sont abstenues, dans la crainte de perdre leur place. Les affirmations de Braunstein sont, du reste, sujettes à caution, s'il faut en croire Kurella [4].

Tommasi [5] n'a examiné que les neuf employées de Lucques.

1. Dʳ RÖPKE, Fr. (Solingen), Die Berufskrankheiten des Ohres und der oberen Luftwege. Wiesbaden, Bergmann, 1902, pp. 127-130.

2. *Loc. cit.*, p. 24.

3. *Loc. cit.*

4. Dʳ KURELLA, Hans (Ahrweiler), Elektrische Gesundheits-Schadigungen am Telephon. Leipzig, Barth, 1905.

5. TOMMASI (Lucca), Le lesioni professionali e traumatiche nell'orecchio. Napoli, E. Pietrocola, 1904, pp. 17-20.

Il a trouvé chez elles une diminution de l'ouïe dont elles ne se doutaient pas, avec lésions de l'oreille moyenne et interne. Il s'empresse d'ajouter que l'on peut rattacher ces troubles à des maladies nasales ou rhino-pharyngiennes, mais il croit néanmoins que le service téléphonique peut altérer l'organe délicat de l'ouïe. Chez les nerveux, d'après Tommasi, le téléphone peut produire une irritation des nerfs auditifs et, s'il ne nuit guère, momentanément, à une oreille normale, il peut toutefois, à la longue, l'altérer.

Par contre, les téléphonistes de Berlin ont déclaré à Passow[1] qu'elles employaient toujours la même oreille parce que, par l'exercice, elle devenait plus fine. Cet auteur pense qu'il y a là, peut-être, une action analogue à celle qui se produit chez les sourds-muets à la suite des exercices acoustiques.

A Berlin, comme presque partout d'ailleurs, les téléphonistes préfèrent porter le casque récepteur à gauche, afin de rendre la main droite plus libre pour le service.

Blegvad[2] a examiné un grand nombre de téléphonistes de Copenhague (450) et n'a pas remarqué de diminution de l'ouïe causée par l'usage normal des appareils. Comme à Berlin, les intéressées étaient même persuadées qu'elles entendaient mieux du côté réservé au récepteur. Il n'en est cependant rien et il ne s'agit là, probablement, que d'une accommodation de l'oreille ou des centres nerveux correspondants. Il faut sans doute attribuer à la même cause la diminution dans la perception des sons graves (diapason C_2 à 16 vibrations doubles) que l'on observe dès les premiers temps de service.

Heijermans[3] croit que le danger pour l'oreille a beaucoup diminué avec le perfectionnement des appareils; cependant les bruits accessoires, vulgairement appelés friture, entendus pendant des heures, produisent de l'hyperesthésie, et les craquements de l'appareil peuvent alors provoquer des symptômes nerveux graves. D'après cet auteur, les téléphonistes se plaignent de mal entendre, d'avoir des douleurs de tête et d'oreille avec hyperesthésie ou anesthésie du pavillon.

Schuster[4] conclut en disant que les altérations de l'oreille par l'usage normal du téléphone sont insignifiantes en pratique.

1. Dr Passow, A. (Berlin), Die Verletzungen des Gehörorganes. Wiesbaden, Bergmann, 1905.
2. *Loc. cit.*
3. Heijermans, Handleiding tot de kennis der beroepziekten. Rotterdam, Brusse, pp. 105 et 462.
4. Dr Schuster, Paul, privatdozent (Berlin), Die Krankheiten der Tele-

Thébaut [1], au contraire, croit que le tintement de l'appareil récepteur cause de la céphalée, des bourdonnements ou des névralgies tenaces, qui exigent souvent un repos de plus de deux jours. Avec de l'entraînement, ces crises douloureuses s'atténuent, mais sont remplacées par d'autres symptômes nerveux plus accentués, dont il sera fait mention dans la troisième partie de ce rapport.

II. — Accidents.

1° *L'appel et l'essai.*

Les accidents qui surviennent le plus fréquemment pendant l'usage professionnel du téléphone sont admirablement décrits dans le travail du prof. Bernhardt, de Berlin [2], et dans celui de Blegvad [3] que nous suivrons.

Quand l'abonné appelle le bureau central, il tourne une petite manivelle ou décroche le cornet. Il envoie ainsi un courant induit qui fait tomber une valve, ou allume une petite lampe au bureau central. Normalement, la demoiselle du téléphone ne ressent rien de ce courant. Dans certaines circonstances, c'est le contraire qui se produit. Il arrive, par exemple, qu'un abonné appelle ; mais la téléphoniste étant à ce moment occupée, ne peut répondre immédiatement. L'abonné appelle de nouveau et, impatienté, tourne peut-être la manivelle avec un peu plus d'énergie. A ce moment, l'employée établit le contact et le courant passe dans son récepteur, en y produisant un bruit métallique qui ressemble à celui d'un timbre électrique dont on étouffe le son avec la main.

Nous appellerons dans la suite cet accident « l'appel ».

L'essai consiste dans la manipulation qui permet de s'assurer si l'abonné demandé est occupé ou non. Pour cela, l'employée place une fiche dans un trou numéroté qui se trouve sur un tableau placé devant elle. Si le fil interrogé est occupé, la téléphoniste perçoit un claquement aigu et court.

phonangestelten (*Weyl's Handbuch der Arbeiterkrankheiten*, Iena, Fischer, 1908, pp. 289-295).

1. Thébaut, V., La névrose des téléphonistes. (*La Presse médicale*, Paris, 17 août 1910, pp. 630-631.)

2. Prof. Dr Bernhardt, M. (Berlin), Die Betriebsunfälle der Telephonistinnen. Berlin, Hirschwald, 1906, in-8°, p. 71.

3. *Loc. cit.*, p. 8.

Les accidents dus à l'appel sont fréquents. Braunstein[1] en rapporte quatre cas ; Wallbaum[2] cinq ; Böhmig[3] quatre et Bernhard[4] un nombre beaucoup plus considérable.

Chez les quatre malades de Braunstein, il y eut 3 otalgies et une céphalalgie, mais nous ne pouvons oublier que l'enquête de cet auteur est suspecte de partialité. Il importe de retenir l'appréciation sévère de Kurella à son sujet.

Par contre les autres auteurs ont vu se développer, après un ou plusieurs appels violents, une névrose traumatique, causant souvent une interruption de service, et d'un pronostic défavorable relativement à la guérison complète.

Blegvad[5] cite un exemple de Wallbaum. Il s'agit d'une téléphoniste de trente et un ans, sans antécédents. En juillet 1903, courant d'appel dans l'oreille gauche, avec sensation de coup dans la tête. Au bout de vingt minutes de travail, somnolence, impossibilité de remuer les membres, céphalalgie, picotements et douleur à la région précordiale, paralysie de la paupière supérieure gauche, faiblesse du bras gauche. Le lendemain, paralysie de la jambe du même côté. Au bout de six semaines, amélioration, et disparition notamment de la paralysie. Après reprise du travail pendant cinq jours, les douleurs de tête et du cœur revinrent. Nouvelle interruption de service, puis reprise. En octobre 1903, nouvel accident d'appel, avec retour de tous les symptômes, aggravés et compliqués de bégaiement, d'insomnie, de douleurs à différents points du corps et d'amaigrissement. Examen objectif en décembre : Paralysie flasque des deux jambes, tachycardie, légère rigidité de l'artère radiale, troubles de la sensibilité de la moitié gauche du corps.

Alors que Böhmig et Wallbaum attribuent ces accidents à l'action directe de l'électricité (5 à 10 volts), et que ce dernier auteur suppose même des courts circuits avec des réseaux à haute tension, Bernhardt affirme qu'il ne s'agit communément que d'impressions acoustiques. Ce n'est que lorsque la demoiselle du téléphone, contrairement au règlement, touche une partie métallique des appareils, que le courant peut l'atteindre, et cette sensation est à peine perceptible, comme Bernhardt put l'expérimenter sur lui-même. Il croit cependant que chez des

1. *Loc. cit.*, p. 308.
2. WALLBAUM, G. W., *Deutsche med. Wochenschr.*, 1904, t. XXXI, p. 709.
3. BÖHMIG, H. (Dresden), *Münch, med. Wochenschr.*. 1905, p. 760.
4. *Loc. cit.*
5. *Loc. cit.*

individus très sensibles au courant électrique, et qui ne sont pas prévenus, cela peut causer de la névrose traumatique. Selon toute probabilité, il s'agit exclusivement, dans ces cas, de frayeur due à un bruit exagéré et inattendu.

Gradenigo [1], cité par le prof. Bernhardt, avait déjà signalé que des bruits intenses peuvent produire, chez des individus sensibles ou à l'oreille malade, de la surdité ou des douleurs d'oreille qui sont habituellement passagères; il peut néanmoins persister des lacunes pour certains sons. Mais, au lieu de la surdité qui apparaît facilement chez les hystériques, on peut voir tout un cortège de symptômes voisins justement de l'hystérie, et causés par le bruit intense. Des douleurs, des vertiges, des syncopes, des crampes, des illusions ou hallucinations auditives, peuvent survenir. Mais c'est presque toujours chez des individus à oreille tarée que Gradenigo a vu se produire ces troubles.

A ces accidents il est permis de rattacher le cas de Francfort, où nous voyons une demoiselle de vingt ans devenue la victime de l'impatience d'un abonné et présenter une rupture du tympan qui mit quinze jours à guérir. Veis [2], qui relate cette observation, raconte que l'abonné en question versa de bonne grâce l'indemnité réclamée par l'administration, sans même se laisser attraire en justice.

Ce cas de rupture tympanique montre bien nettement que le téléphone peut avoir une action énergique sur la caisse et explique les aggravations brusques de vieilles otopathies signalées par Blegvad et d'autres.

2° Décharges atmosphériques et courts-circuits.

Les réseaux téléphoniques et télégraphiques sont parfois atteints par des décharges atmosphériques, même sans orage. Les fonctionnaires chargés des relations interurbaines sont naturellement plus exposés à en éprouver les conséquences, car ils ignorent l'existence de l'orage dans la région avec laquelle ils établissent la communication.

En outre, comme Jellinek [3], cité par le prof. Bernhardt, le

1. GRADENIGO, G., Krankheiten des Labyrinths und des Nervus acusticus. (Schwartze's Handbuch der Ohrenheilkunde, Leipzig, 1893, t. II. p. 352.)

2. VEIS, D' J. (Frankfurt a. M.), Archiv für Ohrenheilk., 1909, t. LXXX, p 103.

3. JELLINEK, S. (Wien), Elektropathologie, etc. Stuttgart, 1903.

remarque justement, ce n'est pas seulement en rue que l'on risque
d'être mis subitement en communication avec un courant à haute
tension quelconque. Chez soi, au téléphone, on peut apprendre,
d'une manière tout à fait désagréable, que des installations à
faible tension peuvent être parfois influencées par d'autres
réseaux. Les précautions techniques rendent cependant de pareils
accidents très rares.

Jellinek raconte qu'à Vienne, le capitaine du château N., à la
résidence impériale de Schönbrunn, reçut en téléphonant un tel
coup qu'il tomba sans connaissance. Un accident analogue fut
signalé également à Francfort. Le docteur Foveau de Courmelles [1]
a rapporté un accident plus tragique :

Miss A. Greenwood, fille d'un riche habitant de Malborough
(Massachusetts), a été tuée au téléphone. Pour parler à une de ses
amies, d'une main elle tourna le bouton de la lumière électrique,
et de l'autre, sonna pour la communication. Tout à coup, la
maison fut plongée dans l'obscurité; M. Greenwood entendit
sa fille tomber, il se précipita : elle était morte. Sur le poignet,
on pouvait apercevoir une légère brûlure.

Kurella [2] raconte comment deux employés de téléphone, dis-
tants de 40 kilomètres, furent simultanément victimes d'un grave
traumatisme. Il s'agissait d'un contact maladroitement établi
par un monteur avec un câble de tramways à la tension de 500
volts.

Au mois de novembre 1910, une violente bourrasque détacha
plusieurs fils téléphoniques à Marseille. Cinq demoiselles du
bureau central ont reçu une forte commotion. Deux des victimes furent rapidement rappelées à la vie; il n'en fut pas de
même des autres dont l'état, d'après les journaux, restait très
alarmant.

Heerman [3] vit apparaître les symptômes de la maladie de
Ménière à la suite d'un éclair. Au moment où la demoiselle pla-
çait le récepteur à l'oreille, la foudre éclata et produisit dans
l'oreille un fracas épouvantable; la surdité fut soudaine et, par
la suite, apparurent tous les symptômes de Ménière. Quelques
semaines plus tard, après des vertiges et des vomissements,
l'attaque apoplectiforme eut lieu.

1. Dʳ Foveau de Courmelles (Paris), Accident au téléphone. (*L'Année
électrique*, Paris, Béranger, 1908, t. VIII, p. 160.)

2. *Loc. cit.*, p. 9.

3. Heerman (G.). Ueber den Menière'schen Symptomencomplex. (*Bres-
gens Sammlung zwangloser Abhandlungen*, Halle, 1903, t. VII, 1-2, pp. 4,
25, 29).

Heijermans n'a donc pas tort quand il signale que la foudre peut causer aux téléphonistes des lésions organiques ou développer une névrose traumatique à laquelle la profession elle-même les prédispose.

Parmi les neuf employées examinées en Italie par Tommasi [1], une a reçu deux ou trois fois des coups pendant l'orage. Une autre a eu également, un jour, dans l'oreille, le bruit de la décharge d'un éclair et n'entend plus bien.

III. — Névrose des téléphonistes.

Bien plus fréquents que les accidents précédents sont les troubles nerveux observés dans le personnel des bureaux téléphoniques.

Schuster, Heijermans, le Prof. Bernhardt et Thébaut ont donné une bonne description de ces états pathologiques.

Déjà en 1889, Gellé avait remarqué que l'irritation de l'oreille au téléphone se communique à tout le système nerveux, produisant une névrose générale. Castex également croit que le téléphone prédispose à la neurasthénie.

Gellé a remarqué que les individus nerveux sont les premiers atteints par l'usage du téléphone et qu'ils présentent une irritabilité générale avec vertiges, bourdonnements et hyperesthésie pour tous les sons. Politzer a observé lui-même dans plusieurs cas une nervosité générale qui, d'après les affirmations précises des malades, n'existait pas auparavant. Kleber [2] et Wills [3], dans leurs dissertations, signalent l'abus du téléphone comme cause d'états neurasthéniques.

Le professeur Bernhardt attribue une importance considérable aux troubles psychiques des soixante malades qu'il a observées après des accidents téléphoniques. Bien peu se calment de leur frayeur en quelques jours. La plupart sont moroses, toujours prêtes à pleurer ; à voix basse, en soupirant, elles se plaignent de leurs misères. Beaucoup souffrent d'insomnie et trouvent que le monde extérieur a comme changé d'aspect. La vie de la grande ville, le parcours en omnibus ou en tramway, la conversation,

1. Kleber. Wie bekämpfen wir die uns durch die Elektrizität bedrohenden Gefahren und Gesundheitsstörungen. Berlin, Selbstverlag, 1905.

2. Wills, Hermann, Ueber nervöse Störungen durch die Elektrizität. Bonner Dissertation, 1904.

3. *Loc. cit.*

même avec des parents, leur paraissent pénibles ou même dou-
loureux. Les moindres contrariétés les irritent; elles deviennent
insupportables pour tout le monde. La vie est vue en noir et la
moindre chose amène des pleurs interminables. Elles racontent
des rêves effrayants, des apparitions de spectres. On signale de
l'inappétence et de l'amaigrissement. Par contre les fonctions des
organes digestifs et urinaires sont normales. Ces symptômes neurasthéniques, mélangés d'idées hypocondriaques sur l'impossibilité de guérir, forment le fond des troubles psychiques.

Plus rares, mais alors très accusés, sont les signes d'une hystérie grave. Dans ce cas on voit la proposition de reprendre le
service, au bout de quelques mois, repoussée avec des cris, des
sanglots et des convulsions. Des symptômes déjà plus rares sont
la perte de la mémoire et la parole lente et saccadée.

Heijermans attribue une grande importance au surmenage
des demoiselles du téléphone.

L'attention tendue et le travail fatigant portant sur les nerfs
pendant les heures de presse, quand beaucoup de communications sont demandées en même temps, créent la nervosité et
amènent secondairement les troubles de la fonction auditive.
Souvent les symptômes, d'après cet auteur, sont de nature hystérique surtout chez les prédisposées.

Pour Schuster, le téléphone est capable de rendre neurasthéniques, à la longue, des individus tout à fait sains. Même si l'on
ne va pas aussi loin que Wernicke[1], en considérant les écrits
de Tommasi, Kurella, Kleber et Wills, et en tenant compte des
caractéristiques du service téléphonique, on doit considérer
comme très probable que chaque nervosité latente et toute prédisposition pourra se transformer en une forme quelconque de
maladie fonctionnelle. L'opinion exprimée par Wernicke, que
toute demoiselle du téléphone occupée plusieurs années est
devenue fatalement hystérique, démontre déjà que cette maladie
atteint un grand nombre d'employées.

D'après une expérience générale, les femmes sont naturellement plus exposées que les hommes à cette maladie.

Récemment, dans la *Presse médicale* de Paris, Thébaut s'est
élevé énergiquement contre l'opinion de Blegvad atténuant l'importance des désordres nerveux des téléphonistes.

Il est possible que les races du Nord, dont les individus
mènent une existence plus conforme aux prescriptions de
l'hygiène, résistent mieux.

1. *Loc. cit.*, p. 189.

Ce qui agit pour détraquer le fragile cerveau de la Parisienne, c'est la défectuosité des appareils, qui ne fonctionnent généralement pas bien. Le régime du travail est mal compris, avec trop d'abonnés à servir. Le surmenage devient tel qu'il se produit comme un spasme cérébral, avec placement des fiches pour ainsi dire au hasard. Le mécontentement et l'énervement de l'abonné retombent alors, bien injustement, sur la téléphoniste.

Après avoir esquissé, aussi brièvement que possible, la pathologie spéciale de ceux qui font un usage professionnel de la téléphonie, il n'est pas sans intérêt de se demander ce qu'on pourra cataloguer comme accident ou comme maladie.

D'une manière un peu schématique, Schuster ne considère comme traumatique et, par conséquent, légitimant une indemnité, que ce qui survient par suite de défectuosités du réseau ou d'événements fortuits tels que la foudre.

En réalité les choses ne sont pas aussi simples.

Nous serions plutôt tenté de partager l'avis de Peyser qui dit que, pour les altérations professionnelles de l'oreille, il est des plus difficiles de distinguer les symptômes dus à une action lente et répétée, de ceux dus à une cause brusque.

En outre, les accidents provoqués par l'appel ou l'éclair ne vont-ils pas amener un cortège de symptômes d'autant plus développés que la névrose professionnelle banale aura déjà fait plus de progrès?

IV. — Prophylaxie.

Où Schuster n'a pas tort, c'est quand il insiste sur la nécessité de remédier aux défectuosités qui existent dans certaines administrations et quand il demande, de même que Thébaut, un perfectionnement toujours plus grand des appareils et surtout une organisation plus rationnelle du travail. Au point de vue de la protection des fils téléphoniques pour éviter les contacts avec des réseaux à haute tension, il est regrettable de constater qu'en Belgique on ait négligé de légiférer d'une manière précise. Il paraît qu'on désire laisser les coudées franches à un trust qui jouit des bonnes grâces du Gouvernement. On comprend aussi que dans ces conditions il devient des plus difficiles d'établir les responsabilités en cas d'accident.

À la fin du travail de Kurella[1], on peut trouver les règlements

1. *Loc. cit.*, p. 48.

qui régissent ailleurs les installations électriques dans le but d'éviter les accidents. Il faut pourtant reconnaître que la foudre est capable de se jouer des précautions les plus minutieuses et que des décharges atmosphériques ont été observées sans qu'il y eût véritablement un orage.

Pour ce qui concerne le personnel, il sera indispensable de le recruter parmi les jeunes filles à oreilles irréprochables et à système nerveux sain. On ne peut oublier que les téléphonistes sont parfois exposées à percevoir des bruits très intenses, et que les muscles de l'oreille moyenne jouent un rôle de protection du labyrinthe pour les bruits exagérés.

Incidemment, il est permis de rappeler que, d'après une récente statistique, la Belgique est loin d'être à la tête des nations en ce qui concerne les communications téléphoniques.

Voici le nombre des postes par 1.000 habitants : Suède, 38.1 ; Danemark, 27,3 ; Norvège, 20,4 ; Suisse, 19,2 ; Allemagne, 12,5 ; Grande-Bretagne, 11,9 ; Pays-Bas, 7,6 ; Belgique, 4,6 ; France, 4,3 ; Autriche, 2,6 : Hongrie, 1,9 ; Italie, 1,3 ; Espagne, 1,0 ; Russie, 0,7.

Pour ce qui est relatif au personnel, nous croyons savoir qu'il n'entre pas dans les intentions actuelles de l'Administration de procéder à une enquête quelconque sur l'audition des téléphonistes.

A l'entrée en service, les employés des deux sexes sont examinés au point de vue oculaire, mais on néglige l'examen des oreilles.

De temps en temps, on accorde une exemption de service pour maladie de l'oreille, mais ces incapacités sont attribuées à des causes banales telles que le refroidissement.

Plus tard, l'Administration espère tirer parti des indications qui seront fournies par une enquête officielle importante qui doit se faire en Angleterre.

Conclusions

Ce qui, en tout état de cause, est éminemment désirable, c'est qu'on établisse un examen des oreilles et de l'audition avant l'entrée en service du personnel. Des examens périodiques auraient entre autres résultats avantageux, celui de permettre d'éliminer les sujets les plus exposés à des troubles nerveux. De plus, en cas d'accident on pourrait évaluer d'une manière précise les désordres produits.

BAGINSKY. *Berl. klin. Wochens.*, 1905, t. XLII, p. 1170.

BERNHARDT (P.). Verletzungen des Gehörorgans, 1903.

BERNHARDT (P.). *Berl. klin. Wochens.*, 1905, t. XLII, p. 30.

BERNHARDT (Dr M.). Die Betriebsunfälle der Telephonistinnen. Berlin, Hirchwald, 1906, in-8, 71 pages.

BLAKE (de Boston). Influence of the use of the telephone upon the hearing power. *Amer. otol. Soc.*, Washington, 1888, t. IX ; *Arch. of Otol.*, New-York, 1888, t. XVII, 3, pp. 240-243 ; *Arch. f. Ohrenh.*, t. XXXIX, p. 310.

BLAKE (de Boston). Ueber den Einfluss des Telephongebrauches auf das Hörvermögen. *Zeits. f. Ohrenh.*, 1890, t. XX, p. 83.

BLEGVAD (N.-R.-H.), de Kopenhagen. Ueber die Einwirkung des berufs-mässigen Telephonierens auf den Organismus mit besonderer Rücksicht auf das Gehörorgan. *Nord. medicinskt Arkiv (Kirurgi)*, Stockholm, 1906, t. XXXIX, 3, pp. 1-109. *Semaine médicale*, Paris, 1907, p. 268. — *Année électrique* du Dr FOVEAU DE CORMELLES, Paris, Béranger, 1908, pp. 159-160. — *Arch. f. Ohrenh.*, 1907, t. LXXI, pp. 111-116, 205-236 ; t. LXXII, pp. 30-49, 205-251.

BÖHMIG (H.), Dresden. *Münch. med. Wochens.*, 1905, 16, p. 760.

BRAUNSTEIN (I.), de Munich. Ueber den Einfluss des Telephonierens auf das Gehörorgan. *Arch. f. Ohrenh.*, 1903, t. XLIX, pp. 249-313 ; *Ann. de laryngol.*, 1905, t. II, p. 194.

BRUNS. Die traumatischen Neurosen. Wien, 1901, 3.

CASTEX (de Paris). La médecine légale dans les affections de l'oreille, du nez, du larynx. *Bull. et Mém. de la Soc. franç. d'otol.*, t. XIII, 1, pp. 71-144.

CONFÉRENCE INTERNATIONALE concernant le service sanitaire des chemins de fer et de la navigation. Amsterdam, 20-21 novembre 1895, Comptes rendus, 1. Service sanitaire en Hollande, pp. 14-15.

DELLA VEDOVA et TOMMASI. Rapport sur les lésions professionnelles et traumatiques de l'organe de l'ouïe. *Soc. ital. d'otol.*, 1903.

EULENBURG. *Neurol. Centralblatt*, 1901, t. XX, p. 1057 ; *Berl. klin. Wochens.*, 1905, t. XLII, p. 30.

FOVEAU DE COURMELLES (de Paris). Accident au téléphone. *L'Année électrique*, Paris, Béranger, 1908, t. VIII, p. 160.

FRIEDRICH (Kiel). *Archiv f. Ohrenh.*, t. LXXIV, p. 214.

FRÖHLICH (O.). Optische Darstellungen der Vorgänge im Telephon mit Anwendungen 2 Veränderung der Tonschwingungen durch die Telephonmembran, etc. *Elektrotechnische Zeitschrift*, 1887, t. VIII, p. 210.

GANSER. *Münch. med. Wochensch.*, 1904, p. 1079.

GELLÉ (de Paris). Effets nuisibles de l'audition par le téléphone. *Soc. de biol.*, 15 juin 1889 ; *Ann. des maladies de l'oreille*, 1889, pp. 380-381 ; *Zeitsch. f. Ohrenh.*, t. XXI, p. 150.

Gellé. Effets nuisibles de l'audition par le téléphone. *Ann. des mal. de l'oreille*, etc., 1899, t. VII, 37 ; *Arch. f. Ohrenh.*, t. XXXII, p. 63.

Gérard (Léon), de Bruxelles. La réforme téléphonique en Belgique. *L'indépendance belge*, 15 janv. 1911.

Gradenigo (G.). Krankheiten des Labyrinths und des Nervus acusticus. *Schwartze's Handb. der Ohrenh.*, Leipzig, 1893, t. II, p. 352.

Heerman (G.). Ueber den Ménière'schen Symptomencomplex. *Bresgen's Sammlung zwangloser Abhandlungen aus dem Gebiete der Nasen-, Ohren-, Mund- und Halskrankheiten*, Halle, 1903, t. VII, 1-2, pp. 4-25 29.

Heijermans Handleiding tot de kennis der beroepsziekten. Rotterdam, Brusse, 1908, pp. 105 et 462.

Hermann. *Pflüger's Archiv*, t. XLIII, XLVIII, XLI, LXXXIII. (Ref. Reuter in *Zeitsch. f. Ohrenh.*, t. XLVII, p.91.)

Hoche. *Neurol. Centralbl.*, 1901, t. XX, p. 627; *Aerztl. Sachverständigen Zeit.*, 1901.

Jacobson. *Lehrbuch der Ohrenh.*, 3 Aufl., p. 24.

Jellinek (S.). Electropathologie, etc. Stuttgart, 1903, pp. 15-148.

Jellinek (S.). *Wiener klin. Wochenschr.*, 1905.

Kahn (M.), de Würzburg. Die Gewerbe- und Berufskrankheiten des Ohres. *Haug's klin. Vorträge*, 1898, t. II, 12, pp. 20, 396-398.

Kayser. Telephon. *Blau's Encyklopädie der Ohrenh.*, Leipzig, Vogel, 1900, p. 389.

Kleber. Wie bekämpfen wir die uns durch die Elektrizität bedrohenden Gefahren und Gesundheitsstörungen. Berlin, Selbstverlag, 1905.

Kron. *Neurol. Centralbl.*, 1902, t. XXI, p. 584.

Kurella (Hans), de Ahrweiler. Elektrische Gesundheits-Schädigungen am Telephon. Leipzig, Barth, 1905, p. 56.

Kurella. *Zeits. f. Elektrother.*, t. VI, VII.

Lannois (M.), de Lyon. Le téléphone et les affections de l'oreille. *Congrès intern. d'otol. et de laryngol.*, Paris, 1889, pp. 265-271 ; *Arch. f. Ohrenh.*, 1889, t. XXIX, p. 310; *Ann. des mal. de l'or.*, 1889, pp. 632-637, 738.

von Leyden. *Berl. klin. Wochenschr.*, 1905, t. XLII, p. 193.

Mancioli (T.). Lesioni professionali dell'udito nelle telefoniste. *Estratto degli Atti della clinica oto-rino-laringol.*, Roma, 1906.

Möller. Hospitals Tidente, 1900, 40, 41.

Passow (A.), de Berlin. Die Verletzungen des Gehörorganes. Wiesbaden, Bergmann, 1905.

Peyser (A.), de Berlin. Gewerbliche Erkrankungen und Verletzungen des Gehörs. *Rapp. au Congrès intern. des mal. professionnelles*, Bruxelles, septembre 1910.

Pierce (F.-M.), Manchester. The telephon and diseases of the ear. *Brit. med. Journ.*, Aug. 2ᵈ 1879 ; *Zeitsch. f. Ohrenh.*, t. IX, p. 81.

Poli (C.). L'influenza della fatiga sulla funzione uditiva. *Arch. ital. di otol.*, t. II, cap. 4.

Politzer (A.). *Lehrbuch der Ohrenh.*, 4 Aufl. Stuttgart, Enke, 1901, pp. 649-650.

Raehiger. *Deuts. med. Wochenschr.*, 1905, t. XXXI, p. 866.

Rice. *Jahr. f. Neur. und Psych.*, 1900, p. 586.

Röpke (Fr.), de Solingen. Die Berufskrankheiten des Ohres und der oberen Luftwege. Wiesbaden, Bergmann, 1902, pp. 127-130.

Röpke (Fr.), de Solingen. Rapport sur les maladies de l'oreille et la loi sur les accidents du travail. Trèves, 1902. *Rev. de laryng.*, t. II, p. 461.

Schmalz. *Münch. med. Wochensch.*, 1904, p. 1078.

SCHUSTER (P.). *Die traumatischen Neurosen.* Deutsche Klinik, 1905.

SCHUSTER, Privadozent P., de Berlin. Die Krankheiten der Telephon-angestelten. *Weyl's Hand. der Arbeiterkrankheiten.*, Iena, Fischer, 1908, p. 289.

SIEBENMANN (F.), de Bâle. Ueber gesundheitliche Schädigungen durch Lärm. Vortrag gehalten 10. November 1910. Separatabdruck aus dem *Sonntagsblatt der Basler Nachrichten*, 49-50, 4. und 11. December 1910.

STEIDLE. Postassessor. *Elektrotechnische Zeitsch.*, 1904, p. 937.

THÉBAUT (V.). La névrose des téléphonistes. *Presse méd.*, Paris, 17 août 1910, 66, pp. 630-631.

THORNTON BERTRAM. Das Telephon und seine Anwendung bei Taubstummen. *The Lancet*, August 15th 1896.

TOMMASI (de Luques). Le lesioni professionali e traumatiche nell'orecchio. Otopathie nei telefonisti. *Atti dell VII° Congresso della Soc. Italiana di laringologia*, etc., Roma, 29-31 ottobre 1903, 1904, pp. 97-100 ; Napoli, E. Pietrocola, 1904, pp. 17-20.

TREITEL. Ueber Diplacusis binauralis. *Arch. f. Ohrenh.*, t. XXXII, p. 215.

URBANTSCHITSCH (de Vienne), 66 Naturf. und Aerzte — Vers. Wien, 1899.

URBANTSCHITSCH (de Vienne). *Lehr. der Ohrenh.*, 4 Aufl. Berlin, Wien, 1901, p. 104.

URBANTSCHITSCH (de Vienne). *Pflüger's Arch. f. Physiol.*, t. XXIV.

VEIS (J.), Francfort s/ Mein. Une observation de rupture du tympan chez une téléphoniste. *Arch. f. Ohrenh.*, 1909, t. LXXX, 1-2, p. 103.

VEIS. Ref. CHAVANNE in *Presse oto-laryng. belge*, 1909, 9, p. 440.

WALLBAUM (G.-W.). *Deutsch. med. Wochenschr.*, 1905, t. XXXI, p. 709.

WERNICKE. *Monats. f. Psychiatrie und Neur.*, 1905, t. XVII, Ergänzungsheft, p. 1.

WILLS (Hermann). Ueber nervöse Störungen durch die Elektrizität. Bonner Dissertation, 1904.

WILSON (H.). Schwingungsmassage des Mittelohres vermittelst des Telephons. *New-York med. Journ.*, February 25th 1893.

WINDSCHEID (F.). *Aerzt. Sachverst. — Zeitung*, 1904, 24.

WOLF. Sprache und Ohr., 1871.

WOLF. *Zeit. f. Ohrenh.*, 1890, t. XX, p. 202.

ZWAARDEMAKER. Akustische Eisenbahnsignale und Gehörscharfe. *Zeil. f. Ohrenh.*, 1895, 28, pp. 33-41.

ZWAARDEMAKER. Société néerlandaise d'otologie, rhinologie et laryngologie, Arnhem, 9 juin 1895. *Monats. f. Ohrenh.*, 1896, t. I, II.

ZWAARDEMAKER, d'Utrecht. Berechnung der Erwerbfähigkeit bei Gehörstörungen. *Deuxième session de la Conférence internationale des services sanitaires des chemins de fer et de la navigation*, Bruxelles, 1898, pp. 249-254.

LES

ARCHIVES INTERNATIONALES

DE

LARYNGOLOGIE, D'OTOLOGIE

ET DE

RHINOLOGIE

Directeur : C. CHAUVEAU

PARAISSENT TOUS LES DEUX MOIS

par fascicules d'environ 350 pages, formant chaque année deux forts
volumes de plus de 1000 pages chacun.

ABONNEMENTS :

20 francs pour la France

22 francs pour l'Etranger

PRIX D'UN NUMÉRO : 3 FR. 50

Adresser toutes les communications à M. le Dr Chauveau
225, boulevard Saint-Germain, Paris.

MACON, PROTAT FRÈRES, IMPRIMEURS.